LETTRE

DE

JEAN BARBIER,

Impliqué dans la conspiration du 8 juin 1817,

A

M. CHARRIER-SAINNEVILLE.

> J'ai dit la vérité : si quelques lecteurs m'accusaient de l'avoir exprimée avec trop d'amertume, ou de l'avoir trop fait attendre, je répondrais : voyez quelles calomnies j'ai dû confondre !... Comparez la gravité et l'aveugle furie de l'aggression avec le ton de la défense, et jugez de quel côté se trouve la violence ou la modération.
>
> *Compte rendu par M. de Sainneville,*
> *page 143.*

LYON,

A l'imprimerie de BRUNET, place St-Jean, n.º 3.

1818.

IMPRIMERIE DE BRUNET.

LETTRE

DE

JEAN BARBIER

A

M. CHARRIER-SAINNEVILLE.

Monsieur,

Je viens de lire votre compte rendu des événemens de Lyon (1), et j'y ai vu les accusations atroces dont je suis l'objet. Vous n'hésitez pas à me prêter le plus odieux, le plus exécrable de tous les rôles; il ne tient pas à vous que je ne passe pour un provocateur infame et perfide, pour le principal moteur du Comité d'insurrection, pour l'instrument servile et aveugle des personnes sur

---

(1) Ce n'est qu'après les plus longues hésitations que je me suis décidé à rendre ma justification publique. Elle devait paraître à la fin de juillet.

lesquelles vous voulez rejeter la conspiration du 8 juin. Que vous ai-je fait, Monsieur, pour mériter d'être si cruellement immolé à votre haine ? Je cherche d'une feuille à l'autre de votre brochure, les raisons qui ont pu vous porter à écraser de vos calomnies un infortuné déjà accablé du poids de ses torts, et je n'en découvre qu'une seule, la difficulté de votre position. Vous n'avez pas trouvé d'autres moyens d'obscurcir la vérité et d'embarrasser vos ennemis.

Mes fautes m'imposaient le devoir de me faire oublier ; vous avez compté sur mon silence ; tout au moins avez-vous espéré que, si j'osais parler, la voix d'un coupable flétri dans l'opinion publique serait facilement étouffée par celle d'un ancien lieutenant de police, d'un maître des requêtes en faveur. Vous vous êtes trompé, Monsieur ; de l'échafaud même, le criminel peut utilement se faire entendre. Il est d'ailleurs des mensonges si visibles qu'aucun pouvoir, aucun crédit ne saurait les couvrir. Je vais relever vos propres paroles, mettre à côté la vérité sans déguisement et sans art, et devant elle disparaîtront successivement toutes vos impostures.

COMPTE RENDU , page 104. « Jetons un » coup-d'œil sur les membres des Comités » commis et nommés. — Quels étaient ceux

» qui étaient principalement chargés de tirer
» parti de l'ignorance, des passions. ou des
» besoins des autres ? Quels étaient les hom-
» mes de bonne foi destinés à être dupes et
» victimes, et à en faire d'autres à leur tour?
» — Je n'ai pas la prétention de déterminer
» d'une manière bien positive dans laquelle
» de ces deux cathégories chacun doit être
» rangé ; mais il en est plusieurs dans le
» nombre à l'égard desquels ce classement
» n'est pas difficile. »

Vous commencez fort habilement, Monsieur, par vous débarrasser de ceux dont je
fus le complice. On s'aperçoit dès le principe
qu'ils vous gênent. Votre seule *prétention*
c'est, comme on va le voir, de faire croire
que *Barbier jouait le premier rôle ;* que *Barbier et Volozan sont deux provocateurs infames et perfides*, en un mot, que le Comité
mérite d'être appelé *le Comité Barbier*. Il
n'est pas pour vous de point plus important.

Afin de déterminer ce point d'*une manière
bien positive*, il aurait fallu, ce semble, produire des pièces justificatives qui fissent connaître ceux que j'ai *perfidement* provoqués ;
il aurait fallu indiquer clairement mes victimes. Vous ne faites rien de tout cela ; vous
dites :

Compte rendu, page 104. « L'instruction
» nous montre que M. Cochet, éclairé, ou

» du moins mis en garde *par les extravagances*
» *que débitait Barbier , par la violence de*
» *ses propositions, par ses jactances , et par*
» *le vide de ses plans ,* ne tarda point à se
» retirer sous divers prétextes.

» Burdel en fit autant, et M. Joannon
» fils , qu'on avait voulu mettre en contact
» avec Barbier , reconnut le piège et l'évita.
» — Des cinq autres membres du Comité, il
» en est deux, et *notamment celui qui y*
» *jouait le premier rôle* , dont les révélations
» et l'impunité les signalent de manière à
» ne pouvoir s'y méprendre comme d'infames
» et perfides provocateurs. Ce sont Barbier
» et Volozan. »

Vous n'aviez certainement pas l'instruction sous les yeux lorsque vous écriviez ceci ; autrement il faudrait dire que vous mentez, M. de Sainneville.

1.° Il est faux que *l'instruction* vous ait montré M. Cochet se retirant éclairé par mes extravagances, etc. M. Cochet , lors de son interrogatoire du 26 juin , savait au moins aussi bien que vous la cause de sa retraite. Or voici ses paroles (1).

« A la fin du repas, Taisson dit : Monsieur,

---

(1) Voyez l'instruction à la suite de l'écrit de M. de Fargues , page 130.

» il faudrait que chacun de vous fît le ré-
» censement des armes et des hommes sur
» lesquels on pourrait compter, et dont on
» aurait besoin un jour. *C'est à cette propo-*
» *sition qui me fit entrevoir l'abîme où j'al-*
» *lais me plonger, que je formai la résolu-*
» *tion de me retirer ; et c'est* le lendemain
» lundi que je fis écrire les quatre lettres
» anonymes dont je vous ai parlé, dans l'in-
» tention de me retirer, etc. »

Cela est-il assez clair ?

2.° Il n'est pas moins faux que Burdel *en ait fait autant.* L'instruction montre que le 8 juin, Burdel devait coopérer avec Taisson *à contenir les troupes casernées à la* nouvelle douane. Ce fait est consigné dans l'interrogatoire de Taisson, en date du 3 juillet. (1)

3.° Il est faux qu'on *ait voulu mettre M. Joannon fils, en contact avec moi, qu'il reconnut le piège et l'évita. L'instruction* n'en dit pas un mot. Elle montre M. Joannon *en contact* avec Taisson et Cochet. Le premier, dans son interrogatoire du 3 juillet, déclare avoir fait à M. Joannon des propositions auxquelles celui-ci répondit *qu'il ferait ce qui dépendrait de lui* (2). Le second, dans son interrogatoire du 26 juin, déclare que *du*

____

(1) Voyez *l'instruction*, page 151.
(2) Ibid.

Comité supérieur dont Taisson annonça la formation dans un déjeûner chez Loison, rue du Garet, il ne connaît d'autres membres que M. Joannon (1). Nulle part il n'est question de moi *en contact* avec M. Joannon, ni des prétendus pièges que celui-ci ait dû éviter.

4.º Il est faux encore que je *jouasse le premier rôle* dans le Comité.

L'instruction montre que le Comité existait avant que j'en fisse partie : elle montre qu'il était déjà composé de six personnes ; que j'y entrai sur la proposition de M. Cochet ; enfin, que celui qui y jouait le premier rôle était Taisson. (2)

Un interrogatoire de M. Cochet vous a déjà dit que ce ne sont pas *mes* propositions, mais celles de Taisson qui l'effrayèrent. Un autre interrogatoire du même M. Cochet, en date du 25 juin, vous dira encore que *Burdel était un des membres les plus fougueux avec Taisson ; que lorsqu'il fut question de monter un Comité supérieur, ce fut Taisson qui s'en chargea ; que Taisson était le président* (3). En faut-il tant, Monsieur, pour dé-

---

(1) Voyez *l'instruction*, page 130.
(2) Voyez les interrogatoires des divers accusés.
(3) Voyez le premier interrogatoire de M. Cochet, page 125.

montrer que le *premier rôle* ne m'appartenait pas ?

5.° Il est faux enfin que j'aie été *provocateur infame et perfide*. L'instruction ne montre de la *perfidie* dans aucun des accusés ; elle prouve que j'ai cédé à la provocation d'autrui ; qu'à mon tour j'ai eu le malheur d'entraîner quelques hommes, mais en même temps elle démontre que ni je n'ai fait, ni je n'ai voulu faire des victimes. Ce n'est pas par moi qu'ont pu être séduits ceux qui composaient le Comité avant que je connusse qu'il existait, et quant à ceux qui se trouvaient sous ma dépendance, leur sort a été moins déplorable que le mien. C'est par l'un d'eux que j'ai été révélé à l'autorité, et aucun n'a été condamné à la moindre peine.

D'après tant de faussetés, il est aisé d'apprécier les conclusions que vous tirez de mes révélations, et de la triste impunité qui en a été la suite.

La préoccupation ne vous a pas même laissé voir que si les *révélations signalent un provocateur perfide*, ce n'est ni moi le *premier*, ni moi *seul* qui mérite ce nom, et qu'ainsi tombe en ruine le système de calomnie auquel vous voulez me faire servir. Appelez donc, avant tout, perfide celui par qui les révélations ont commencé, celui qui m'a déclaré, ainsi que Taisson. Appelez perfide celui qui a révélé Burdel et Bonnand;

en un mot , appelez perfide presque tous les
accusés ; car presque tous ont révélé quelqu'un
ou quelque chose, et leurs révélations , souvent plus graves que les miennes , ont été le
résultat nécessaire de celles qui les ont précédées. Hélas ! Monsieur, je m'y perds ; mes
idées se confondent. Je sais que je réponds à
un Magistrat , et je sens qu'un chef de conspiration ne flétrirait pas davantage la confession qu'encourage la loi, et la grace qu'elle
y attache.

COMPTE RENDU , page 105. « Barbier se
» présentait tantôt sous le nom de Jantet ,
» tantôt sous celui d'Auguste, de Joannes ,
» d'Herbas , de Philippe. C'était ce dernier
» nom qu'il avait pris auprès du cordonnier
» Biternay, l'un de ceux qu'il a le plus indi-
» gnement égarés. »

Je n'ai porté que deux noms, celui d'Her-
has au Comité , et celui de Philippe auprès
de Biternay. *Jantet* et *Joannes* ne sont que
mon nom de baptême, par lequel il a plu à
une ou deux personnes de m'appeler. Auguste
est le nom de *Jaquit*. Ce ne fut jamais le
mien.

Cette erreur, au reste, de votre part, est
pour moi un trait de lumière.

Ma justification me conduira bientôt à
parler d'un individu chargé de séduire la
veuve Saint-Dubois , et de l'engager à me

dénoncer , *comme étant celui qui au huit juin remit des cartouches à son mari.* Cet individu me désigna précisément par les *cinq noms* que vous *seul* jusqu'ici m'avez donnés. C'en est assez , pour que je sache aujourd'hui de qui il était l'émissaire.

Quelqu'un plus innocent que moi profiterait de l'occasion pour vous reprocher à son tour d'avoir aussi porté trois noms différens.... Je suis coupable , Monsieur , et je me tais.

Quant à Biternay , je reconnais avec douleur que je l'entraînai dans la révolte, comme j'y avais été entraîné moi-même. Mais vous savez, Monsieur, qu'il fut arrêté avant moi ; vous savez que ce fut par ses aveux que commença la découverte de la conspiration ; vous savez que ses révélations causèrent mon arrestation , et celle de plusieurs autres accusés ; et vous le plaignez ! et infidèle à votre système, vous ne l'appelez pas un *provocateur infame et perfide !*

Compte rendu , page 106. « Le moment » est venu de dresser le plan d'attaque. C'est » Barbier qui le premier s'empresse de pro- » poser le sien, et l'absurdité de ce plan suf- » firait au besoin, pour prouver que ce n'é- » tait pas à la victoire qu'il voulait conduire » les conjurés, mais à la mort , etc. »

Vous voulez à toute force , Monsieur, que que je sois le chef de la conspiration. Mais dans cette supposition , vous me faites trop imbécille , et mes complices trop aveugles. Plût au ciel qu'il en fut ainsi pour ce qui me concerne ! je serais moins coupable.

Vous ne savez si j'ai proposé *un plan* que par l'*instruction :* or, l'instruction ne renferme rien de plus que mes aveux , et les voici :

« Le plan d'attaque ne fut pas arrêté dans
» un seul jour. Il fut discuté dans plusieurs.
» réunions de notre Comité dans le courant
» du mois qui précéda l'événement. — Je
» proposai le premier le plan , *Taisson en*
» *proposa un autre* , tout cela de vive voix.
» *Nos propositions furent discutées entre*
» *nous , Burdel et les deux frères Volozan.*
» *Elles subirent différentes modifications ,*
» qu'il me serait impossible de vous détailler
» aujourd'hui ; et le plan , tel que je vous l'ai
» donné , fut définitivement arrêté dans une
» réunion au plan de Vaise, *où se trouvèrent*
» *Jacquit et Flacheron , Taisson , Burdel ,*
» *les deux Frères Volozan et moi.* (1). »

Voilà ce que j'ai confessé, voilà ce que n'a contesté aucun de ceux dont je fus le complice. Arrangez maintenant , si vous le pouvez, ces faits avec l'assertion par laquelle vous prétendez que j'ai voulu conduire les

---

(1) Instruction, etc. , page 94.

(13)

conjurés non à la victoire , mais à la mort.
Ce n'est pas dans une réunion de tels hommes
qu'un seul individu peut prétendre à être le
maître absolu de *toutes* les volontés. Il n'y
réussirait pas quand le plan qu'il proposerait
serait un chef-d'œuvre , à plus forte raison si
ce plan était *absurde* comme vous le supposez.

COMPTE RENDU , page 89. « Le plan con-
» sistait à assaillir simultanément tous les
» postes, toutes les casernes et l'arsenal. Le
» succès d'une telle attaque, faite par des
» hommes sans armes, a paru difficile au -
» sieur Barbier lui-même. Chargé personnel-
» lement , dit-il , avec cent hommes de l'ex-
» pédition dirigée contre 1,500 Suisses, il
» avait imaginé un expédient qui paraîtra
» curieux. *J'avais omis de déclarer*, dit-il,
» que pour rendre inutiles les efforts que
» voudraient faire les Suisses , (qui étaient
» au nombre de 1,500) ou pour les empê-
» cher de sortir des casernes et les assommer,
» j'étais chargé de placer tout le long du fort
» Saint-Jean cent hommes non armés qui
» auraient continuellement fait rouler des
» pierres de ce fort, etc. — Il est bon de
» remarquer qu'à la place du fort St-Jean ,
» rasé en 93, il ne reste qu'un rocher de
» granit d'un seul bloc à 100 pieds de dis-
» tance, etc.....

» Barbier devait placer des fagots gou-
» dronnés dans des lieux souterrains qui sont
» positivement au-dessous des casernes occu-
» pées par les Suisses, etc.

» Ce qui devient embarrassant, c'est que
» les casernes qu'ils occupent ne recèlent pas
» plus de souterrains que le fort Saint-Jean
» ne fournissait de rocher pour écraser leurs
» toits. »

Vous êtes adroit, Monsieur, au lieu de
présenter les détails d'un plan auquel je ne
puis songer sans frémir, et qui sera pour
moi une source continuelle de remords, vous
vous bornez à exposer en deux mots l'inten-
tion qu'avaient les conjurés d'attaquer à-la-
fois tous les postes et toutes les casernes ;
vous vous taisez sur les moyens, vous en dé-
tournez la pensée de vos lecteurs, pour la
fixer uniquement sur la partie qui vous a
paru la plus faible, et vous ne craignez pas
même de vous égayer en un si triste sujet
aux dépens des convenances et de la vérité.
Hélas ! Monsieur, plus j'y réfléchis, plus je
sens le malheur de ne pouvoir trouver ridi-
cules que vos propres mensonges.

Il est faux qu'on ait songé à faire *une*
telle attaque avec des hommes *sans armes*.
L'instruction vous a montré que l'attaque ,
et les moyens de la faire, ont été arrêtés *en*
Comité ; qu'ils sont le résultat non de ma-

volonté particulière, mais du concert *de tous*, et vous prêtez à *tous* une idée qui n'entrerait pas dans la tête d'un insensé, et voulez que *tous* se soient déterminés à compromettre leur sureté et leur vie sans s'être assurés. que le plus grand nombre de ceux qu'ils devaient mettre en mouvement serait armé. La procédure n'a pas tout révélé ; mais les nombreux interrogatoires en ont assez fait connaître pour quiconque n'a pas *un intérêt secret* à nier la vérité, et les Magistrats qui vous ont répondu, vous l'ont déjà dit.

2.° Il est faux *que j'aie dit* que j'étais chargé personnellement avec cent hommes de l'expédition contre 1,500 Suisses. Vous trompez sciemment vos lecteurs et sur le nombre des Suisses, et sur le nombre des conjurés qui devaient les attaquer.

Sur le nombre des Suisses. Il s'agit de la caserne de *Serin*. Est-ce de bonne foi, Monsieur, que vous comptez comme présens sur ce point ceux que la maladie retenait dans les hôpitaux, et ceux que les cérémonies publiques devaient infailliblement attirer, et ceux qui étaient de garde en différens postes, et les cinq ou six cents hommes casernés bien loin de là, au *Bon Pasteur*, lesquels devaient être attaqués par un autre chef (1).

____

(1) L'instruction montre que la caserne du Bon Pasteur devait être attaquée par Morel, sous-chef de Taisson, page 84.

Sur le nombre des conjurés. L'instruction montre que j'ai fait la déclaration suivante. « La caserne de Serin devait être attaquée » par *sept cent cinquante hommes*, dont deux » cent cinquante sous mes ordres, enrôlés par » Biternay et autres, placés hors de la bar- » rière de Serin, et sur les hauteurs de la » Croix-Rousse » (1). Les interrogatoires des autres accusés confirment ce que j'ai con- fessé.

Il y a loin de là, Monsieur, à l'expédient de soumettre 1,500 soldats avec cent *hommes non armés*. Quand l'extravagance réelle de cette idée ne mettrait pas en garde contre votre assertion, la singulière preuve que vous en donnez, vous trahirait encore. Par distraction sans doute, vous citez de moi la phrase suivante. « *J'avais omis de déclarer* » que pour rendre inutiles les efforts que » voudraient faire les Suisses, etc. » Vous n'avez pas vu qu'en copiant ces mots *j'avais omis*, vous avertissiez vous-même vos lecteurs qu'il existait des déclarations antérieures, dont celle-ci est le complément. En effet, il ne faut que consulter la procédure pour re- connaître que *les cent hommes non armés*, placés le long du fort Saint-Jean, n'étaient qu'un moyen *SUBSIDIAIRE*, bien ou mal ima-

---

(1) Instruction, page 85.

giné

giné, pour seconder l'attaque faite par 650 hommes armés , dont 500 sous les ordres de Jacquit : et ce point reconnu que devient votre véracité ?

3.º Il est faux qu'à la place du fort Saint-Jean il ne reste qu'un rocher de granit d'un seul bloc. Il y reste des *pierres* qui proviennent des débris d'une muraille qui tombe en ruines. Avec le secours du moindre levier, on en détacherait encore une quantité considérable , et transportées sur l'angle du rocher le plus voisin de la petite caserne, il ne faudrait, pour ainsi dire, que les pousser pour qu'elles roulassent sur les toits.

4.º Il est faux enfin qu'il n'y ait *pas de lieu souterrain positivement au-dessous des casernes occupées par les Suisses*. A la vérité les casernes *n'en recèlent point ;* mais je n'ai jamais dit , ni eu intérêt de dire qu'elles en recelassent, puisqu'en un tel lieu, il n'eût pas été possible aux conjurés de s'en servir. Le souterrain dont j'ai parlé , existe au bas du fort St-Jean , presque sur la même ligne perpendiculaire que la *petite caserne* de Serin. On y descend par un escalier dérobé. Il est vaste et profond , et ne pouvait que trop servir à cacher les fagots goudronnés qui, conformément à la déclaration que vous citez , devaient être jetés sur les toits , une fois entr'ouverts.

Compte rendu, page 90. « Il ne reste plus
» qu'à se demander comment les extrava-
» gances de ce misérable, répandues dans
» trente interrogatoires, ont pu servir de
» base aux comptes rendus de la prétendue
» conspiration, et aux condamnations pro-
» noncées contre plus de cent malheureux. »

Je ne suis qu'un misérable, je le reconnois,
Monsieur ; mais sied-il bien à vous de m'appeler ainsi, à vous qui, foulant aux pieds
la vérité, ne vous acharnez à aggraver le
sort d'un malheureux, et ne le chargez de
crimes qu'il n'a pas commis que pour assouvir
votre horrible haine contre des hommes qui
lui sont tout-à-fait étrangers? Qu'est-ce donc
qu'un *misérable*, si ce n'est celui qui ajoute
atrocité sur atrocité, après avoir entassé
imposture sur imposture ?

1.º Il est faux que j'aie subi *trente* interrogatoires. L'instruction devant M. de Fargues
n'en montre que onze, et une déclaration.
J'en ai subi cinq devant M. le Prévôt, en
tout seize. Si vous ne m'en croyez pas, vous vous
en rapporterez peut-être à vous-même. La
vérité vous a échappé par mégarde, p. 108,
et vous ne parlez plus que de mes *seize* interrogatoires. Encore trompez-vous vos lecteurs
sur la véritable part que j'ai à ce qu'ils contiennent. Mais ceux qui réfléchissent ne sauraient être vos dupes. Quoique mes interro-

gatoires aient été imprimés de suite, il est aisé de remarquer que, dans l'intervalle de l'un à l'autre, d'autres accusés ont comparu, que ces accusés ont à leur tour confessé des choses que la force de la vérité m'a obligé de reconnaître *après eux*, et qu'ainsi ce que vous appelez mes *extravagances* n'est souvent que la *révélation d'autrui*, confirmée par la mienne.

2.º Il est faux que mes interrogatoires aient *servi de base* aux comptes rendus de la conspiration. M. de Fargues n'est plus, et vous triomphez de n'avoir pas à craindre ses démentis : mais la vérité vit dans l'écrit qu'il a laissé, et cette vérité vous confondra.

Vous avez lu cet écrit, Monsieur, vous n'avez pu manquer d'y voir que ce fut la déclaration de la femme Roselle qui mit l'autorité municipale sur la trace de la conspiration. Richon et Balleydier furent arrêtés. « Leurs aveux, dit M. de Fargues, font con- » naître la manière dont leur enrôlement » avait été fait, la part qu'ils avaient prise » à l'événement, les individus qui les avaient » égarés par de chimériques espérances, et » les témoignages des deux femmes de ces » détenus viennent ajouter aux leurs de nou- » velles preuves (1).

---

(1) La vérité sur les événemens de Lyon, pag. 18.

« Biternay fournit de nouvelles lumières.
» Les moyens employés pour égarer les hom-
» mes qu'on entraîne dans le complot qui
» présente alors plus d'étendue, sont révé-
» lés ; de nouveaux personnages sont indi-
» qués, un plan suivi se manifeste. On re-
» connaît un ordre hiérarchique dans ceux
» qui travaillent à la conspiration ; on ob-
» tient un premier aveu des moyens mis en
» usage pour assurer le secret, et qui expli-
» quent cette obstination de la part des
» premiers individus à ne pas confesser la
» vérité. » (1)

Voilà, Monsieur, ce que M. le Maire de Lyon lui-même a présenté comme la *première base du compte qu'il a rendu*. Il connaissait déjà la manière dont se faisaient les enrôle-mens, les moyens employés pour égarer les hommes qu'on entraînait dans le complot, l'indication de nouveaux personnages, l'exis-tence d'un plan suivi, d'un ordre hiérarchi-que, d'un secret, etc. ; et il ne tenait rien de tout cela *de moi*, car je n'étais pas encore arrêté.

Je ne le fus que le 21 juin ; mes aveux n'offrent que la suite et les développemens de ce qui avait été précédemment révélé. Ces aveux ne sont pas seuls. L'instruction les

____

(1) Ibid. pag. 19.

montre tantôt précédés , tantôt suivis de déclarations non moins importantes , non moins
graves des autres accusés. Les frères Volozan , arrêtés le 22 juin ; Cochet, arrêté dès
le 11 par ordre de M. le Conseiller de préfecture remplissant vos fonctions par *interim;*
Cochet, gardé par vous depuis votre retour
et mis à la disposition de M. de Fargues le
25 juin ; Ragut arrêté le 28 juin, Taisson
arrêté le 2 juillet, Bernard arrêté le 15, confirment ce qui a été dit avant eux ; fournis-
sent des éclaircissemens , ajoutent de nouveaux faits, de nouveaux détails. Leurs interrogatoires et les miens sont entre les mains
du public ; tout le monde peut y voir que,
comme dans toute autre procédure, c'est sur
l'ensemble de ces pièces que sont *basés* les
comptes rendus. Ah! Monsieur, vous craignez
bien moins que moi la confusion et la honte.

3.º Il est plus faux encore que les préten-
dues extravagances répandues dans mes interrogatoires aient *servi de base* à la condamnation prononcée contre plus de cent
personnes. Où était donc votre esprit, Monsieur, où était votre raison, lorsque vous
avez écrit une chose à-la-fois si absurde et si
atroce ?...

D'abord, fût-il vrai que ce que vous appelez mes extravagances eût *servi de base* à
la condamnation de tous ceux contre lesquels

la Cour a prononcé quelque peine , vous n'é-
viteriez pas la note d'imposture. Le total des
hommes condamnés par la Cour , en en re-
tranchant les *contumaces* qui n'ont pas subi
leur jugement , n'est que de 84.

En second lieu , parmi les condamnés ,
soixante et quinze sont des habitans des campagnes, et vous reconnaissez que *les campagnes
étaient sous la direction de Jacquit ;* c'est
vous-même qui dites que ce chef profitait du
comité Barbier , mais agissait *avec une entière indépendance de ce comité* (1). Récu-
serez-vous ici votre propre témoignage?

En troisième lieu , quand , par la plus
fausse de toutes les suppositions, les malheureux habitans des campagnes seraient réelle-
ment compromis dans mes interrogatoires ,
il n'en resterait pas moins évident que ces
interrogatoires n'ont pas servi de base à leur
condamnation. Car trente-un insurgés avaient
été jugés avant le 18 juillet , et il est cons-
tant par la procédure , que mes interrogatoires n'ont été adressés à M. le procureur
du Roi près la Cour prévôtale , que ce
jour-là (2).

Réduit à chercher ailleurs mes victimes ,
en trouverez-vous parmi les accusés de Lyon ?

---

(1) Compte rendu , pag. 110.
(2) Voyez pièces justificatives , n.º 1.

Non, Monsieur, vingt-sept ont été mis en jugement ; neuf ont été condamnés ; la plupart avaient été trouvés armés, ou bien ils avaient été convaincus d'avoir fait des distributions d'armes ou de munitions ; aucun n'avait été placé sous ma dépendance ; aucun ne me connaissait , et je n'en connaissais aucun.

COMPTE RENDU , pag. 107. « Enfin le mo» ment fixé pour l'explosion est arrivé. Que
» devient ce factieux si ardent ? Se met-il à
» la tête des conjurés ?... Non.

» Le 7 juin au soir, Barbier s'adresse à
» un surveillant de nuit (.agent de police),
» et lui propose de l'arrêter le lendemain 8
» sur le tapis de la Croix-Rousse, où il se
» rendra avec un autre individu ; l'agent lui
» demande s'il a perdu la tête. Barbier lui
» répond qu'il veut être arrêté , parce qu'il
» est fort ennuyé de tout ce qui se débite
» sur un prochain mouvement. — L'agent
» réplique que c'est une folie ; Barbier in» siste , offre 150 francs , etc. »

Quoi, Monsieur de Sainneville ! C'est vous qui êtes étonné qu'un coupable hésite au moment où il va coopérer à l'exécution d'un complot qui doit couvrir une vaste cité de sang ? Ce fait serait-il vrai, en serais-je plus criminel ? C'est donc à dire que, si une première faute vous eût malheureusement placé dans une pareille position , vous n'eussiez connu , ni ce trouble , ni cet effroi , ni ce désordre d'idées , ni ce frisson violent par lequel dans des circonstances si terribles , je me serais senti arrêté , déconcerté , abattu? C'est donc à dire , qu'à vos yeux j'aurais été un lâche de n'avoir pas étouffé le dernier cri de la conscience , d'avoir été agité par le repentir et par le remords ? J'aurais perdu la tête , sans doute , mais cet acte de folie de ma part déposerait contre tout ce que vous avez avancé ; plus on l'examinera, plus on se convaincra que je n'aurais jamais fait cette démarche , si j'eusse eu avec les personnes que vous nommez mes commettans , les rapports que vous me supposez.

Compte rendu , pag. 107. « Ce provoca-» teur s'est vanté d'avoir le 8 juin remis lui-» même au malheureux Saint - Dubois, les » douze paquets de cartouches » : vous ajoutez en note : « j'en ai la preuve ».

Vous en avez la preuve ! Vous êtes heureux, Monsieur , que les fautes dont le remords m'accable m'ôtent le droit de vous caractériser par les épithètes que mérite cette exécrable imputation. Mais , si vous en avez la preuve , pourquoi ne la fournissez - vous pas ? Pourquoi ne figure-t-elle pas parmi vos nombreuses pièces justificatives ? Non, Monsieur , vous ne l'avez pas, et vous ne l'aurez jamais. Il est impossible que vous ayez la preuve d'un fait faux ; et le fait que vous m'imputez est aussi faux qu'il est infame. Vous ou les vôtres, il est vrai, avez cherché à vous procurer une pièce au moyen de laquelle vous pussiez me charger avec quelque apparence de cette atrocité ; mais vous n'avez pu y réussir.

On a tout mis en œuvre pour obtenir de la veuve Saint-Dubois qu'elle déclarât : *que c'était moi qui le 8 juin avait remis les cartouches à son mari.* Quoique à la misère, quoique ne gagnant que quinze sous par jour, cette malheureuse femme n'a pu être corrompue par les offres qui lui ont été faites. Elle a répondu suivant sa conscience : « Je ne connais pas ce Barbier, herboriste. » D'ailleurs, celui qui a donné les cartou- » ches à mon mari, est un maçon que je re- » connaîtrais si je le voyais. Je l'ai cherché » long-temps, je n'ai pas pu le trouver ».

On lui a représenté que je portais *cinq noms,* (1) et que j'aurais pu me déguiser en maçon. — « Si cela est ainsi, a-t-elle ré- » pliqué, j'irai chez lui, et je verrai si c'est

---

(1) Il n'y a jamais eu que vous et l'émissaire qu'a reçu la veuve Saint-Dubois, qui m'aient donné ces *cinq noms.* Vous seriez - vous accordés , sans vous connaître ?

» le maçon que je connais ». — Elle est
venue en effet, le 7 juin de cette année, et
après m'avoir exposé en présence de trois
personnes, l'infame démarche qu'on avait
faite auprès d'elle, elle a fini par me dire ces
propres paroles : « A présent que je vous
» ai vu, je suis bien sûre que ce n'est pas
» vous qui êtes le maçon qui a donné des
» cartouches à mon mari. Car cet homme
» est vieux et petit; et vous, vous êtes
» jeune et grand, etc. »

Dès le premier moment de cette horrible
intrigue, je ne doutai pas que des ennemis
secrets ne cherchassent à me perdre. Pour
déjouer leurs manœuvres autant qu'il était
en moi, je me hâtai d'en faire un rapport à
M. de Permont, lieutenant de police; j'in-
voque aujourd'hui le témoignage de ce magistrat (1).

Osez parler encore de preuves, Monsieur;
si vous en avez, je vous somme de les mettre
au jour; vous ne pouvez vous taire, votre
silence serait pris pour l'aveu de votre imposture. En attendant, je répète avec assu-
rance, que vous avez avancé contre moi une
atroce calomnie; et je déclare qu'il vous est
impossible de produire d'autres pièces que des

---

(1) Voyez la pièce justificative, n.º 2.

pièces fausses , des pièces du genre de celles
que l'on comptait obtenir de la veuve Saint-
Dubois , auprès de qui on l'a indignement
mendiée.

COMPTE RENDU , pag. 107. « Quoi qu'il en
» soit de cet horrible épisode , Barbier reste
» tranquille à Lyon , le 8 juin , lorsqu'un
» juste effroi faisait fuir ou cacher les cou-
» pables... Enfin , le 22 juin , un ordre du
» Maire le conduit devant ce magistrat.—Là ,
» pour conserver les apparences , il com-
» mença par tout nier ; il n'a rien vu , rien
» su , ni rien fait. Mais tout-à-coup le Maire
» a le bonheur de le pénétrer de la plus
» douce confiance ; et Barbier , sacrifiant le
» soin de sa propre sureté au besoin de dire
» la vérité toute entière , s'abandonne sans
» réserve , etc. »

Quiconque connaîtra bien l'épisode de Saint-
Dubois, le trouvera mille fois moins horrible
pour moi que pour vous , Monsieur ; il y a
certainement long-temps que vous savez ce
qu'il en est : mais désormais le public le saura
aussi , et il jugera entre nous.

Les terreurs , ou si vous le voulez , la *folie*
dont vous m'avez reproché d'avoir donné des
marques la veille du 8 juin , prouvent assez
l'effroi que j'ai dû ressentir après cette jour-
née. Malgré mes justes appréhensions cependant , je vis moins de danger à ne pas quitter

la ville, et j'y restai. Vous avez intérêt à sup-
poser que la conduite des autres accusés fut
différente de la mienne, et vous n'hésitez pas
à l'affirmer. Mais, ou vous ignorez ce qu'ont
fait ces accusés, ou vous mentez, Monsieur.
La plupart ne se cachèrent ou ne sortirent
de Lyon, que lorsque l'arrestation de Biternay
suivie de la mienne, leur eût appris que tout
était découvert. Jusqu'alors ils ne laissèrent
pas paraître de crainte : quelques-uns même
qui avaient autant de motifs que moi de n'ê-
tre pas tranquilles (1), non - seulement se
montrèrent en public, mais prirent place dans
les rangs de la garde nationale qui marchait
contre les rebelles des campagnes, et ils re-
vinrent *tranquillement* avec elle.

Dénoncé ainsi que Taisson et deux autres
chefs par Biternay, et traduit devant M. le
Maire, je niai tout, il est vrai, dans un premier interrogatoire ; dans les suivans , je
finis par tout avouer. Et vous , Monsieur ,
vous, lieutenant de police de Sa Majesté ;
vous, si long - temps chargé d'interroger les
coupables ; vous, qui avez dû trouver si avan-
tageux pour l'état, et si honorable pour votre
zèle, le bonheur d'obtenir des aveux francs et
sincères, vous témoignez de la surprise que

____

(1) Taisson et Burdel, membres du comité.

je n'aie pas persisté dans mes dénégations ? Quel intérêt *honnête* pouviez-vous donc avoir à ce que je continuasse à nier des faits que des accusés interrogés avant moi, avaient révélés ; que des accusés interrogés dans l'intervalle de mes propres interrogatoires allaient développer en détail , que des accusés interrogés après devaient confirmer enco re ? Il m'est impossible de comprendre qu'il y ait là rien qui doive affliger un magistrat fidèle !

La confiance dont M. le Maire *a su me pénétrer* , il l'a inspirée aux plus coupables. Elle fut le résultat de la promesse qu'il faisait d'obtenir la grace de ceux qui révéleraient ce qu'ils sauraient de la conspiration. Je ne suis pas le seul que cette promesse faite avec une extrême bonté ait entraîné ; elle a gagué la plupart des accusés.

Comme moi , dans un premier interrogatoire, Taisson n'avait *rien su* , *rien vu* , *rien fait* , et il *s'abandonne* comme moi dans le second ; il répond :

« Je remonterai à une époque plus recu-
» lée, et je m'expliquerai franchement de-
» vant vous, M. le Comte, ce que je n'au-
» rais pas fait devant tout autre. *Je vous*
» *ouvrirai mon ame toute entière* , et ne vous
» laisserai ignorer aucune des circonstances
» qui me sont connues. Trop heureux main-
» tenant, si ma franchise et ma sincérité

» peuvent être utiles à ma patrie, et éclairer
» le Gouvernement assez pour découvrir tous
» ceux qui se déclarent ses ennemis ».

Comme moi encore et comme Taisson, Volozan aîné, Volozan cadet, Vernay, Caffe, Cerisiat, n'avaient d'abord *rien su*, *rien vu*, *rien fait*, et *tout-à-coup*, pour parler comme vous, *le Maire a eu le bonheur de les pénétrer de la plus douce confiance, et sacrifiant le soin de leur propre sûreté au besoin de dire la vérité toute entière, ils se sont abandonnés sans .réserve.*

Caffe a répété la même chose en plein tribunal : « *D'après la confiance que m'a ins* » *pirée M. le comte de Fargues*, a-t-il dit,
» je lui ai déclaré tout ce que je savais. Je
» voudrais en savoir davantage, je le dirais
» également. »

Ne vous en prenez donc plus à moi seul ; étonnez-vous de *l'abandon* de Taisson, de Volozan aîné, de Volozan cadet, de Caffe, de Vernay, de Cerisiat, et dites d'eux comme de moi, qu'ils ont voulu *sauver les apparences.* Quant à M. Cochet, il n'a pas même, pris le soin de *les sauver*, en niant d'abord tout. Dès le premier interrogatoire, il a montré assez de confiance pour faire les aveux les plus graves (1).

---

(1) Instruction, pag. 125 et suiv.

Compte rendu , pag. 108. « Les déclara-
» tions de cet homme offrent un *crescendo*
» remarquable d'inventions et d'impostures
» évidentes. »

Vous me forcez de répéter que mes déclara-
rations ne sont pas *les premières* qui aient
été faites à M. le Maire, qu'elles s'accordent
avec celles qui les ont précédées, et que ce
qu'elles contiennent se retrouve dans celles
des autres accusés qui les ont accompagnées
ou suivies. J'ajoute que celles-ci renferment
des choses de la plus haute importance , et
que j'avais omises. Dites donc aussi que ces
derniers offrent *un crescendo remarquable
d'inventions et d'impostures.* Elles sont en
effet d'autant plus *remarquables* , que quoique les accusés qui les ont faites fussent sé-
parés , et soumis à un secret rigoureux, elles
présentent une conformité , une liaison que
n'ont pas les inventions que vous avez em-
ployées un an à concerter , et que vous donnez pour la vérité.

Compte rendu , pag. 108. Elles (mes dé-
» clarations) ont fait arrêter , de l'aveu de
» M. le Maire , 216 personnes. »

De l'aveu de M. le maire ! Ah ! Monsieur,
parce que M. le Maire est mort, vous croyez
ne rien risquer en entassant vos calomnies
sur sa tombe ! Prenez garde, son livre existe.
On ne vous croira guère plus que moi sur

parole. On fouillera ce livre. On y cherchera ce qui a pu servir de base à ce *crescendo remarquable d'inventions et d'impostures* de votre part, et l'on n'y trouvera que les deux passages suivans.

« Depuis le 8 jusqu'au 13 juin, 215 indi-
» vidus ont été arrêtés dans la ville de
» Lyon (1).

» Le 13 juin, sur 215 individus arrêtés
» depuis le 8, il n'en restait plus que quatre
» à notre disposition (2) »

On remarquera les dates, M. de Sainneville : on sait que je n'ai été arrêté que le 21 *juin;* comment mes *déclarations* ont pu faire arrêter deux cent seize personnes, qui déjà étaient élargies huit jours au moins avant que j'eusse rien *déclaré?*

COMPTE RENDU, pag. 108. « Les inter-
» valles n'étaient pas perdus, et Barbier, fi-
» dèle en prison au système de perfidie qu'il
» avait suivi avant d'y entrer, consacrait
» son temps et ses soins à tromper les mal-
» heureux au milieu desquels on l'avait placé
» à dessein; il les provoquait par des révé-
» lations mensongères, et faisait encore des
» dupes de ceux dont il avait fait des vic-
» times. »

---

(1) Instruction, pag. 16.
(2) Ibid, pag. 41.

Cela

Cela est faux, Monsieur ; je n'ai point été placé *au milieu des malheureux prisonniers pour les tromper par des révélations menson-gères*, et je n'ai provoqué personne. Parcourez toute l'instruction, suivez tous les détails de la procédure, interrogez tous ceux qui y ont été impliqués. Vous ne trouverez rien qui puisse même colorer un peu cette calomnie insigne. Une seule fois M. le Maire me char-gea de voir un prisonnier, pour s'assurer s'il était ou non dans la démence ; ce n'était pas une victime *que j'eusse faite*, c'était Taisson. Vous savez peut-être mieux qu'un autre où il est ; allez lui demander si j'en ai fait ma dupe. — Je m'étonne, au reste, que vous, qui naguères étiez encore lieute-nant de police, appeliez *perfides* des moyens que vous avez mille fois employés. Dieu sait si les agens qui tant de fois, par vos ordres formels, ont joué le rôle que vous me prêtez, n'ont rien fait de plus propre à les faire rou-gir, à vous faire rougir vous-même !

Ce n'est pas assez pour vos vues de m'im-puter des atrocités que je n'ai pas commises, des perfidies dont vous seul avez pu conce-voir la pensée ; vous me faites encore un crime d'avoir mérité par mes aveux l'indul-gence de la police civile entre les mains de qui sont tombés les accusés.

Dépendait-il de nous, Monsieur, de tomber entre les vôtres ? Il faut donc croire qu'en ce cas, la franchise de nos réponses vous eût rendu plus sévère et plus impitoyable. Et si c'eût été à vous que M.^{gneur} le garde-des-sceaux eût adressé la lettre par laquelle il promettait la grace *de ceux qui se décideraient à faire une confession générale et sincère*, vous seriez-vous donc montré plus rigoureux envers nous que son Excellence ? Ah, Monsieur ! je suis trop coupable, je le sens, pour avoir le droit de récriminer ; mais en voyant un lieutenant de police tenir un langage si contraire à la nature des fonctions spéciales qui lui sont confiées, le public ne soupçonnera-t-il pas, sans que je le dise, qu'une des causes principales d'une si grave inconséquence se trouve dans le caractère particulier de certains *aveux* qui vous concernent ? Vous dites :

Compte rendu, page 94. « A l'un on fait
» dire que toutes les autorités devaient être
» renvoyées, *le lieutenant de police seul ex-*
» *cepté.* Un autre déclare encore plus positi-
» vement qu'on se croyait sûr de l'adhésion
» de cette autorité. Il est juste de dire que
» cette imputation précise et individuelle de
» complicité ne fut pas imaginée dans les
» premiers momens. Les révélateurs se con-
» tentent d'abord de parler des bruits qu'on
» faisait courir parmi les conjurés, de la to-
» lérance à laquelle on devait s'attendre de

» la part de toutes les autorités de Lyon, etc.

» Mais lorsqu'après beaucoup de tentatives
» et d'efforts on eut renoncé à l'espoir de me
» déterminer à suivre, au sujet des événe-
» mens du 8 juin, les erremens que je trouvai
» établis à mon arrivée, lorsqu'on fut bien
» convaincu que je persistais à douter de la
» réalité du complot, et à communiquer mes
» doutes au gouvernement, l'imputation de
» complicité devint directe et positive.

» Le 10 août 1817, Barbier, dans un in-
» terrogatoire que lui faisait subir M. le
» Prévôt, déclarait *qu'il avait toujours pensé*
» *que M. de Sainneville était de la conspira-*
» *tion*, etc. »

Je conviens, Monsieur, qu'il a dû être difficile à ceux qui se bornent à vous lire, de
ne pas donner dans le piége que vous leur
tendez ici. Vous ne pouviez feindre plus habilement la bonne foi et la candeur, en expli-
quant de quelle manière, et quand l'imputation de complicité faite à la police, devint
personnelle, *directe et positive* ; mais si,
avant d'admettre vos explications, on exa-
mine la vérité des faits sur lesquels elles re-
posent, vous serez encore ici dupe et victime
de vos artifices.

Ce que je disais le 10 août, Vernay l'avait
déclaré le 9 août en d'autres termes que
voici : « Jacquit m'assurait qu'il n'y avait

» rien à craindre de la police , et qu'il était
» sûr de faire mettre en liberté par M. Sain-
» neville tous ceux qui seraient arrêtés (1). »

Ce que je disais le 10 août, Serisiat l'avait aussi déclaré le 6 par cette réponse à une des des questions de M. le Maire : « Jacquit ne
» m'a jamais nommé que M. de S... Je lui en
» témoignai mon étonnement ; il me répon-
» dit : Tu ne sais pas tout ; il fait arrêter les
» gens , c'est pour cacher son jeu ; mais il
» les fait relâcher ensuite (2). »

Vous objecterez sans doute que ces aveux, comme le mien , datent des derniers momens. Mais on vous répondra qu'il était impossible de les avoir plutôt , et que c'est peut-être votre faute. Serisiat ne fut arrêté que le 4 août , et Vernay le 8 ou le 9. D'ailleurs ce n'est pas tout.

Ce que je disais le 10 août , Fiévée , dit Champagne , l'avait dit le 5 juillet à M. le Maire de Limonnet. Il déclarait vous avoir été présenté par deux chefs de la conspiration dans votre domicile , et cette déclaration il l'a renouvelée plus tard devant M. le Prévôt avec des circonstances aggravantes , en ajou-tant que vous étiez venu à bout de la lui faire rétracter par crainte et par menace. (3)

---

(1) Instruction , page 202.
(2) Ibid. 200.
(3) Ses déclarations se trouvent dans la procédure de la Cour prévôtale.

Ce que disais le 10 août, je l'avais dit équivalemment moi-même le 22 juin. « Parmi » les moyens qu'on a employés pour faire » croire que la police savait la conspiration, » on nous cita l'arrestation de plusieurs in- » dividus, et notamment celle de Cham- » bouvet, dont on nous prévint la veille, en „ indiquant l'heure à laquelle elle serait » faite le lendemain ; ce qui arriva comme » on nous l'avait dit. » (1) Remarquez bien, Monsieur, que cette déclaration a eu lieu *quarante-huit jours* avant celle que vous vous bornez à citer *de moi*, c'est-à-dire à une époque où on n'avait pas encore eu le temps de faire auprès *de vous beaucoup de tentatives et d'efforts*. La déclaration, telle que je la fis, était plus directe, plus personnelle et plus positive encore. Mais M. de Fargues refusa de la consigner dans ses procès - verbaux, par des motifs qui, en me montrant sa délicatesse, redoublèrent ma confiance. (2) Ce n'est pas tout.

______

(1) Instruction, page 80.

(2) Je ne mérite pas d'être cru sur parole, et quoique ce fait soit très-vrai, je ne l'aurais pas rapporté, s'il n'était déjà connu de plusieurs personnes, notamment de MM. de Chabrol et Désuthes, à qui M. de Fargues le raconta dans le temps.

Ce que je disais le 10 août, Valençot l'avait dit le 19 juin en plein Tribunal ; au moment d'être jugé, il vous y avait désigné comme servant la conspiration positivement et personnellement. — Il l'avait dit encore à l'audience publique du 14 ; il l'avait dit encore à M. le Prévôt dans son interrogatoire du 12, et ce n'est pas tout.

Ce que je disais le 10 *août*, le sieur Roland, tailleur à Vaize, l'avait dit le 8 juin, même devant M. le Maire de cette commune ; il lui avait fait une *révélation*, dans laquelle il vous désignait personnellement comme *servant la conspiration*, et peu après il avait confirmé son *dire* devant M. le Prévôt.

Le *huit juin*, Monsieur ! Certainement alors personne n'avait eu le temps d'être convaincu que vous persistiez à douter de la réalité du complot, et à communiquer vos doutes au gouvernement.

Il est faux, au reste, que les conjurés s'attendissent à la tolérance de la part de *toutes* les autorités. Il est faux que les révélateurs se soient contentés d'abord de parler des bruits que l'on faisait courir à ce sujet. Jamais il n'a été question de *toutes* les autorités, et cette fois vous êtes si imprudent, Monsieur, que vous fournissez la preuve du faux dans l'alinéa où vous placez votre assertion. C'est vous-même qui dites quelques lignes plus haut : « A l'un on faisait dire que *toutes les* » *autorités* devaient être renvoyées, *le lieu-* » *tenant de police excepté.* » Vous, avez tout-à-coup oublié que Valençot, celui qui parlait ainsi, était un des *premiers* révélateurs ; que sa révélation avait été faite *d'abord*, c'est-à-dire le 12 juin, quatre jours seulement après, la conspiration, et qu'il l'avait répétée éner-giquement au Tribunal le 14 et le 19 du même mois. Vous n'aviez pas pris garde qu'en annonçant le renvoi de *toutes* les auto-rités, excepté le lieutenant de police, le *ré-vélateur* déclarait fort intelligiblement de qui *l'on attendait au moins de la tolérance*, et de qui l'on n'en attendait pas.

La vérité est, qu'en conspirant, personne n'a cru agir contre vous. Le plan, les moyens, les dispositions, les efforts des conjurés ont été constamment dirigés contre la vigilance de M. le Maire, de M. le Préfet, et sur-tout du Général, que son activité, et les forces dont il pouvait disposer, rendaient plus à craindre. La fidélité de M. de Fargues était trop connue, pour qu'on fondât sur lui des espérances ; mais à tort ou à raison on comp-tait sur quelques hommes de sa police (1).

----

(1) Je croyais, par exemple, que M. Guichard, secrétaire du Maire, était un des chefs, et je l'avais déclaré ; mais pour celui-là, ceux qui partagaient mon erreur ont été bientôt détrompés, ainsi que moi, dès le commencement de la procédure.

On comptait sur beaucoup plus d'hommes de la vôtre, et principalement sur vous ; il ne s'agissait pas de vous *calomnier*. En vous exceptant personnellement, *tous* eussent cru se rendre coupables d'une grande injustice.

Les déclarations qui vous concernent, et que vous traitez de calomnies absurdes et atroces, avec quelle force ne les eussiez-vous pas fait valoir, si elles eussent porté sur *toutes* les autorités *excepté vous !* Quelles armes entre vos mains ! Quelles pièces justificatives contre vos adversaires ! Je ne prétends point me mêler de déterminer si quelques autorités ont fait ou non la conspiration, ni quelles sont ces autorités. Forcé de vous répondre, je dis seulement ce que j'ai cru, ce que les autres ont cru comme moi ; et je laisse à ceux qui sont innocens, le soin de juger le fond de la question.

Mais à s'en tenir aux apparences dont j'ai pu, je l'avoue, être la dupe, n'apercevez-vous pas vous-même la différence immense que les faits ont mise entre vous et les autres autorités ? Celles-ci nous ont cherchés, poursuivis par-tout avec un tel acharnement, que vous-même vous les accusez d'excès et de rigueur, elles nous ont fait arrêter ; elles nous ont plongés dans de sombres cachots. Nous y avons langui plusieurs mois, condamnés aux plus dures privations, sans autre pers-

pèctive que l'échafaud. Une sentence de dé-
portation ou de mort a atteint plusieurs
d'entre nous, et moi-même je n'ai recouvré
la liberté que pour traîner dans les regrets
et dans les remords une vie flétrie et désho-
norée. Personne n'a pris le moindre intérêt à
notre cause et à notre sort. Convenez, Monsieur, qu'un tel traitement de la part des
gens que, selon vous, nous avons si bien
servis, annonce une exécrable ingratitude ;
une ingratitude telle, que vous-même, peut-
être, vous n'en eussiez pas conçu l'idée.

Si, au contraire, c'eût été pour vous, ou
par vous , ou simplement avec vous que
nous eussions agi, permettez-moi cette supposition ; après nous avoir promis votre ap-
pui, qu'auriez-vous pu faire de plus que vous
n'avez fait pour tenir parole, et nous prouver
votre dévouement, votre reconnaissance ?
Absent, au moment où la conspiration a
échoué, vous vous hâtez d'arriver au secours
de ceux qui l'ont tramée. *Toutes les tentatives*, (je me sers de vos propres paroles)
tous les efforts de ceux qui ont arrêté les
conjurés ne *peuvent vous déterminer à suivre
les erremens que vous trouvez établis.* Rien
ne vous *convaincra* de la *réalité* du complot.
Quand toutes les autorités présentes ne dou-
tent pas, vous qui n'y étiez pas, *vous per-
sistez à en douter, et à communiquer vos*

doutes au gouvernement (1). Dans l'impossibilité de tout réparer , vous obtenez du moins des mesures qui arrêtent ou suspendent le cours du mal. Vous prévenez en notre faveur les hommes que le gouvernement envoie pour connaître la vérité. La Cour prévôtale devient moins sévère. La rigueur de la détention diminue ; plusieurs accusés s'évadent ; les arrestations cessent ; les plus effrayés reprennent courage ; les autorités dont ils avaient à se plaindre sont destituées : vous écrivez contr'elles , en même temps que vous agissez pour nous ; vous composez un livre pour perdre ceux qui ont fait marcher des troupes , ceux qui ont fait arrêter , ceux qui ont jugé ; et dans cet écrit , vous n'accusez, vous ne déchirez que les coupables qui ont eu le malheur de faire des *révélations.* Sacrifiant jusqu'à votre réputation, pour nuire à ceux là, vous employez le mensonge, la fourberie et l'imposture ; et vous me réduisez à ne pas douter qu'au lieu de vos calomnies , je sentirais aujourd'hui l'effet de votre puissante protection , *si je n'eusse rien révélé.*

Ah, Monsieur ! plus je vais, plus je le reconnais ; mon grand tort à votre égard n'est

---

(1) Compte rendu , page 95.

pas d'avoir cru ce que j'ai cru d'après les apparences, mais de l'avoir dit.

COMPTE RENDU, p. 112. « Il existait en
» effet, un comité supérieur à celui de Bar-
» bier, un conseil où les plans étaient arrê-
» tés, d'où partaient les ordres et l'impulsion,
» et dont Jacquit, auquel tout venait abou-
» tir, était le principal agent.... Il ne se com-
» posait ni de Bonapartistes, ni de Jacobins,
» et je le prouve en dévoilant l'un de ses
» membres, l'un des véritables directeurs de
» ces funestes événemens ; c'est le capitaine
» Ledoux, etc.

» J'espérais que la longue instruction faite
» à la mairie fournirait quelque lumière. *Par
» un hasard singulier*, le nom du capitaine
» Ledoux n'y est pas prononcé une seule
» fois.

» Le Cap.ᵉ Oudin, dans ses derniers mo-
» mens, se consolait par la pensée que Le-
» doux n'avait pas recueilli le fruit de sa
» trahison et de sa perfidie (p. 115.)

» Le Cap.ᵉ Ledoux était l'homme de qui
» les principaux chefs apparens ou réels de
» la conspiration, recevaient les instructions
» et l'impulsion nécessaire (p. 113.)

» Comment se fait-il que, ni Barbier, ni
» les autres révélateurs n'aient pas nommé
» celui qui avait joué un rôle si grand dans la
» conspiration, qu'ils aient usé de tant de

» discrétion en faveur d'un homme mort,
» lorsqu'ils dénonçaient, avec si peu de ména-
» gement , un si grand nombre d'hommes
» vivans. (p. 116.)

Une vaste , une immense imposture (1)
soutenue à chaque instant par des mensonges
nouveaux , qu'il faut arranger , combiner
entr'eux , modifier selon l'exigence du moment présent , de manière à ne laisser aper-
cevoir aucune contradiction , aucune de ces
disparates qui, en décélant la ruse et l'arti-
fice , ruineraient tout ; voilà ce dont vous
avez eu besoin , et ce que vous n'avez pas
jugé au-dessous de vos talens. Je n'envie pas
tant d'habileté. La simple exposition de la
vérité est quelque chose de beaucoup moins
difficile. Je la ferai ressortir sans peine ; et
vous-même, Monsieur, vous qui croyez votre
autorité de quelque poids , vous à qui le public
doit bien plus s'en rapporter qu'aux révélateurs, aux magistrats et aux juges, vous
m'aiderez à la rendre sensible ; vous ferez
une partie de votre réfutation.

Vous dites qu'il *existait en effet un comité*
supérieur à celui de Barbier , un conseil où
les plans étaient arrêtés , d'où partaient les

-----

(1) Je n'entends désigner par ces expressions que
l'horrible ensemble des calomnies que vous avancez
contre moi. Le reste ne me regarde pas.

ordres et l'impulsion, et que le capitaine Le-
doux était l'homme de qui les principaux chefs
recevaient les instructions.

Je ne vous répéterai pas qu'un comité où
je n'entrai que sur la proposition de Cochet,
un comité composé déjà de six membres avant
que j'en fisse partie ; un comité dont le président était Taisson, ne peut être appelé le
comité Barbier ; je vous dirai pas que si vous
vous obstinez à vouloir lui donner une déno-
mination tirée des personnes, la seule qui
lui convienne est celle de *comité Taisson.*
Je me bornerai à vous répondre, que si vous
connoissez qu'il existait un comité supérieur
à celui de Barbier, que ce comité arrêtait
les plans, que les ordres et l'impulsion partaient de lui, que le capitaine Ledoux était
l'homme de qui les principaux chefs apparens
ou réels recevaient les instructions, ce ne
peut plus être Barbier ni· le comité Barbier
qui le *premier* arrêtait les plans, de qui partaient les ordres et l'impulsion, qui donnait
les instructions. Et cependant, c'est bien
vous, M. de Sainneville qui, à la page 105
avez dit : « Le moment est venu de dresser
» le plan d'attaque. C'est Barbier qui le *pre-*
» *mier* s'empresse de proposer le sien, et l'ab-
» surdité de ce plan suffirait au besoin pour
» prouver que ce n'était pas à la victoire
» qu'il voulait conduire les conjurés, mais à

» la mort ». Du moins, pour échapper à l'inconséquence, ne me chargez donc plus et des plans, et de leur absurdité, et de l'envoi des conjurés à la mort.

Vous dites que *Jacquit était le principal agent du comité supérieur qui arrêtait les plans, que c'était à lui que tout venait aboutir* (pag. 112), *que ce Jacquit était l'agent immédiat du capitaine Ledoux* (pag. 113). *Je conçois qu'il vous ait fallu dire tout cela,* — et vous aviez dit précédemment (pag. 110), *que Jacquit profitait des dispositions du comité Barbier ; mais agissait avec une entière indépendance.* Voyez ce qu'il en résulte.

Si les plans étaient arrêtés dans le comité supérieur, si les ordres en partaient, si le capitaine Ledoux était l'homme de qui les principaux chefs apparens ou réels recevaient les instructions, si Jacquit était son agent immédiat, si c'est à lui qae tout venait aboutir, *les dispositions* du comité Barbier, que pouvaient-elles être autre chose que *l'exécution* des plans, des ordres du comité supérieur transmis par Ledoux à son agent immédiat ; et en ce cas, serait-ce une chose étonnante comme vous le faites entendre à vos lecteurs, que Jacquit profitât de l'exécution d'ordres qu'il aurait transmis ?

On voit bien par cette expression *profiter,* et plus encore par celle-ci, *il agissait avec*

(47)

une entière indépendance, que vous n'avez voulu dire autre chose, sinon que *Jacquit tirait parti* d'un comité avec lequel il n'avait aucun rapport, soit d'*autorité*, soit de *subordination*, ce que je crois vrai. Mais alors, à quoi devait servir au comité supérieur d'arrêter des plans, de donner des ordres, si l'agent immédiat, celui auquel tout venait aboutir, n'avait pas le droit de rien faire exécuter par le comité inférieur, et qu'il dût se borner à profiter de ses opérations sans en *prescrire* aucune ?

Vous dites que le comité supérieur *ne se composait ni de Bonapartistes, ni de Jacobins, et que vous le prouvez en dévoilant l'un de ses membres, l'un des véritables directeurs des funestes événemens du 8 juin, le capitaine* Ledoux.

Je vois, Monsieur, que quoique vous n'aimiez pas les *révélations*, quoique selon vous, les *révélateurs*, sur-tout quand ils restent impunis, sont, *à ne pouvoir s'y méprendre, des provocateurs infames et perfides* (1), vous avez fait, par les plus graves motifs sans doute, une juste exception en faveur des *nombreuses révélations qui accusent* Ledoux (pag. 114). Je n'ai pas plus d'intérêt à me livrer à l'examen des faits que vous avancez;

______

(1) Ce sont vos paroles, pag. 104.

qu'à vous montrer que de ce que le capitaine Ledouxn'était ni Bonapartiste, ni Jacobin, il ne s'ensuit pas grand chose pour ou contre l'opinion des autres membres du comité auquel il aurait appartenu. Tout cela m'est absolument étranger ; ce qui ne me l'est pas, c'est la manière indirecte dont vous m'accusez de complicité avec ce capitaine ; c'est le regret et la surprise que vous témoignez de ce qu'en cette circonstance, où sans doute vous m'auriez absous de *perfidie*, je n'ai rien révélé.

Vous dites : « *Comment se fait-il* que ni
» Barbier, ni les autres révélateurs n'aient
» pas nommé celui qui avait joué un si grand
» rôle dans la conspiration ; qu'ils aient usé
» de tant de discrétion en faveur d'un homme
» mort, lorsqu'ils dénonçaient avec si peu
» de ménagement un si grand nombre d'hom-
» mes vivans ? »

Comment cela se fait ? Ne croyez pas, Monsieur, que le lecteur prenne le change sur cette question. Vous ne la lui faites que pour éloigner de son esprit la pensée de vous l'adresser. C'est à vous, avant tout, qu'on demandera *comment cela se fait*, à vous de qui l'on tient que *la présence de M. le duc de Raguse a dissipé les ténèbres qui couvrent un fait si important* (1) ; à vous, qui *seul* avez

____

(1) Compte rendu, pag. 115.

été assez fin pour dévoiler un fait dont deux cent quinze personnes successivement arrêtées n'ont pu dire un mot ; un fait que ni l'instruction préliminaire devant l'autorité civile, ni les interrogatoires devant M. le Prévôt, ni la confrontation des témoins, ni les débats publics, ni les délibérations des juges n'ont pu faire soupçonner ; un fait auquel n'ont pas songé des accusés qui, en le révélant eussent probablement évité l'échafaud ; un fait enfin, dont l'imagination des parens, des amis, des défenseurs qui ont tout épuisé pour soustraire à la rigueur des lois ces infortunées victimes, n'ont pas même conçu l'idée. C'est à vous, je le répète, qu'on le demandera : vous devez en savoir incontestablement plus qui que ce soit au monde ; et vous *seul* cependant serez embarrassé de répondre.

Encore, si l'on se bornait à vous faire les questions que vous proposez ou celles qui en dérivent, et que l'on se contentât de vous demander :

Comment il se fait que Barbier et les révélateurs n'aient pas nommé le capitaine Ledoux ?

Comment il se fait qu'ils aient usé de *tant de discrétion* en faveur d'un homme qui les avait trahis, et de qui ils n'avaient plus rien à craindre ; tandis qu'ils ont été si *indiscrets* envers vous, qu'ils vous ont dénoncé avec si peu de ménagement, vous vivant, vous ami puissant, vous ennemi dangereux, vous par qui ils croyaient être servis ?

Comment il se fait qu'après avoir *espéré que la longue instruction faite à la mairie, vous fournirait quelque lumière,* (1) croyant que le nom du capitaine Ledoux *n'y était pas prononcé une seule fois,* vous avez pu attribuer ce silence si absolu, si universel, si uniforme à *un hasard singulier* plutôt qu'à l'innocence de ce capitaine ?

Comment il se fait que ce soit vous qui prétendiez que le nom du capitaine Ledoux *prononcé une seule fois* dans cent à cent cinquante interrogatoires ou déclarations, eût prouvé *quelque chose* contre lui, vous qui, prétendez et avec raison sans doute, que votre nom *prononcé plus de dix fois* dans cette longue procédure ne prouve *qu'une atroce et absurde calomnie !* (2)

Encore, dis-je, si l'on s'en tenait à ces questions ! vous essayeriez de vous en tirer par ces paroles accompagnées d'un peu de surprise : *c'est un singulier hasard;* et peut-être

---

(1) Compte rendu, pag. 113.

(2) J'ai été arrêté et jeté dans les cachots, sur la simple déclaration de Biternay......

trouveriez-vous des lecteurs assez complaisans pour paraître satisfaits d'une telle réponse.

Mais les questions qui doivent le plus vous embarrasser, ne sont pas celles que je viens d'exposer. Il en est d'autres pour la solution desquelles vous serez obligé de recourir à toute autre réponse qu'à de *singuliers hasards*.

On vous demandera :

Comment il se fait que Oudin si intéressé à déclarer celui qui l'*avait trahi avec tous ses camarades*, (1) ait gardé devant les Magis_trats le même silence que Barbier et les au_tres révélateurs ?

Comment il se fait que la procédure qui le concerne n'ait pas fourni plus de lumière que la longue instruction faite à la mairie où par *un singulier hasard* le nom du capi_taine Ledoux n'est pas prononcé une seule fois ?

Comment il se fait que dans ses déclara_tions à Valence, Oudin ait usé de *tant de discrétion* en faveur d'un homme mort ?

Comment il se fait qu'il ait usé de *tant de discrétion* dans ses interrogatoires devant M. le Prévôt ?

Comment il se fait qu'il ait usé de *tant de discrétion* devant les Avocats qui ont plaidé

____

(1) Compte rendu, pag. 116.

sa cause, et qui l'eussent mille fois mieux défendu pour peu que l'amour de la vie ou le désir naturel de la vengeance l'eussent rendu *indiscret* ?

Comment il se fait qu'il ait usé de *tant de discrétion* devant les témoins, devant les juges, devant le public ?

Comment il se fait que dans ses derniers momens, il ne se soit consolé *dans son cachot*, quepar la pensée que Ledoux n'avait pas recueilli le fruit de sa trahison, au lieu de s'en consoler dans la *salle d'audience* par une déclaration solennelle et authentique ?

Comment il se fait que ce soit vous qui, d'après la déclaration *d'un seul conjuré, mort* contre un homme *mort*, faite à un fusilier et à un sergent, affirmiez que l'*infamie d'un officier* français, d'un chevalier de St.-Louis *se trouve légalement constatée* (1), vous qui ne voulez pas, et qui avez sûrement raison de ne pas vouloir que les déclarations de *plusieurs conjurés morts ou vivans*, faites non à un soldat et à un sergent mais à des magistrats, à des juges en présence du public, puissent *constater l'infamie* d'un lieutenant-général de police ?

Comment il se fait que vous souteniez, qu'on ne doit pas regarder comme une ca-

---

(1) Compte rendu, pag. 116.

(53)

lomnie atroce et absurde, la déclaration vraie ou fausse attribuée à Oudin ; *vous*, si intéressé à ce qu'on rejette comme une *calomnie atroce et absurde* la déclaration par laquelle Valençot *se consolait* en plein tribunal à *ses derniers momens ?*

Les *Comment* ne finiraient pas ; je m'arrête. Que le capitaine Ledoux ait été ou non *un des véritables directeurs des funestes évenemens du 8 juin*, jugez à présent vous-même s'il y a plus de probité que d'adresse à vouloir me faire passer pour son agent et son complice, et à demander d'un ton de surprise, *comment il se fait* que je ne l'aie pas nommé.

A qui m'interrogera sur ce point, ma réponse est simple. Avant que M. de Sainneville eût appris au public *le grand rôle* que jouait le capitaine Ledoux, je n'en savais rien. Je n'en avais jamais entendu parler ; d'où je conclus que les autres conjurés n'en savaient pas plus que moi. Il ne pouvait nous venir en pensée d'accuser un officier, un chévalier de Saint-Louis, mort en criant : *Vive le Roi !* et de lui imputer une conduite qu'il n'avait pas tenue, ou que nous ignorions qu'il eût tenue. Ce n'est pas qu'il ne soit commode de tout rejeter sur les morts et de ménager les vivans. Mais, ni les autres ni moi, nous n'avons été infames et perfides à ce point : voilà tout le secret de notre discrétion.

Compte rendu , pag. 109. « Enfin , un
» arrêt de la Cour prévôtale a mis un terme
» à ce scandale ; et Barbier, ainsi que le lec-
» teur doit s'y attendre, a recouvré la liberté
» comme révélateur. »

Voilà ce qui vous afflige, Monsieur, et ce
qui vous affligera bien plus encore, quand
cette lettre vous aura montré vous-même à
vous-même, quand elle vous aura montré au
public avec les preuves , les irréfragables
preuves de ce *crescendo d'impostures* que vous
avez été obligé d'inventer pour donner au
moins quelque vraisemblance au rôle hideux
que vous me faites jouer.

C'est aux dispositions des lois , c'est à la
lettre de M.gneur le Garde-des-sceaux, c'est à
la promesse de grace faite par M. le Maire
au nom de Sa Majesté (1) , que je dois l'indulgence dont la Cour prévôtale m'a fait éprou-
ver les effets ; et cette indulgence néanmoins
semble vous irriter contre le tribunal plus
que les arrêts de mort qu'il a prononcés....

Je le conçois : si la Cour prévôtale, (ce
sont vos propres paroles que j'emprunte) si
*la Cour prévôtale se fût hâtée de rendre ses
terribles arrêts comme son institution l'exi-*

---

(1) Voyez la pièce justificative, n.º III.

geait (1) , si après *une seule procédure des-
tinée a découvrir les chefs* , *elle les eût frap-
pés comme la foudre* (2), et que atteint
par la sentence commune , j'eusse aussi sur-
le-champ payé de ma vie la part que j'ai eu
le malheur de prendre a la conspiration , les
nombreux interrogatoires que le temps et ces
arrestations successives ont amenés n'existe-
raient pas ; il n'existerait contre vous aucune
de ces imputations personnelles , *directes et
positives que vous affirmez n'avoir eu lieu
qu'après beaucoup de tentatives et d'efforts
pour vous déterminer à suivre d'autres erremens* (3). Mon supplice d'ailleurs, eût fourni
sans peine un épisode à un roman d'un autre
genre : il eût été facile à un homme doué
du talent de faire parler les morts, de reprocher à mes juges l'effusion de mon sang, avec
quelque apparence de fondement , et d'im-
puter à telle ou telle autorité d'avoir provoqué la condamnation d'un malheureux, afin
d'enfouir dans sa tombe des secrets craints.
Tout au moins, je me trouverais dans le
nombre de ceux que vous plaignez avec une
compassion si touchante et si vive, au lieu
que ma vie vous embarrasse, vous gêne et

-----

(1) Compte rendu, pag. 140.
(2) Ibid , pag. 139.
(3) Ibid , pag. 94.

ne vous laisse d'autre moyen de tirer parti de moi que de me défigurer par vos calomnies.

Elles sont maintenant au grand jour, ces calomnies : j'ai démontré la fausseté de vos assertions avec la dernière évidence ; je voudrais, au prix de ce que j'ai de plus cher, n'avoir pas été réduit à cette cruelle nécessité. Je sens quels souvenirs peut réveiller la triste tâche que je viens de remplir. Mais, plus le poids de mes fautes réelles est accablant moins on me blâmera, j'espère, d'avoir secoué le fardeau d'une ignominie que je ne mérite pas de porter, d'une ignominie pire que la plus honteuse mort. Que ne me laissiez-vous à mes regrets, à mon repentir, travaillant en silence à réparer par une conduite meilleure, les torts qui m'ont rendu si malheureux ! Hélas ! ces torts sont précisément ce qui vous a enhardi à tout oser contre moi : vous avez cru fouler aux pieds un cadavre. Vous ne jouirez pas des fruits que vous vous êtes promis dans une attaque si lâche. Le public qui vous a lu me lira ; il verra de quel côté est le *scandale*, et il fera justice.

Je suis, etc.

Lyon, le 30 juillet 1818.

BARBIER.

PIÈCES JUSTIFICATIVES.

N.º I.

Lettre de M. le comte de Fargues , à M. le Procureur du Roi.

Lyon , le 18 juillet 1817,

M O N S I E U R ,

Les recherches que j'ai faites , et les soins que j'ai mis à découvrir les auteurs, chefs ou complices de la conspiration qui a éclaté dans cette ville le 8 juin dernier , ont donné lieu à des arrestations successives d'un certain nombre d'individus gravement compromis , dont la plupart m'ont fourni , par leurs aveux, la connaissance du tissu de cette affreuse machination , et le nom de presque tous les individus qui y jouaient des rôles supérieurs. Le désir de pousser mes découvertes assez loin pour déraciner entièrement le mal dont nous avons failli être les victimes , ne m'a pas permis de vous investir plutôt de cette affaire , dont j'avais déjà eu l'honneur de vous donner connaissance dans la conférence tenue à la préfecture ; et quoiqu'un grand nombre d'individus marquans dans cette conspiration soit encore à arrêter , je crois ne pas devoir différer plus long-temps la remise à votre disposition des prévenus dont l'instruction préliminaire est achevée , et des pièces qui composent cette instruction.

En conséquence , j'ai l'honneur de vous prévenir que dès ce moment les nommés Jean Richon , Michel Balleydier , André Méyer , Benoit Biternay , Jean Barbier , Jean-Pierre Volozan , André Cochet , Etienne Collet , Jean-Claude Berger , Bruno Verdun , Jean-

Pierre Picard, Antoine Gaudet, Dominique Bon-homme, détenus à Roanne ; Nicolas-François Taisson, Antoine Joannon, détenus à St-Joseph ; et Antoine Volozan, détenu à l'hospice de l'Antiquaille, sont à votre disposition.

J'ai l'honneur de vous adresser ci-joint en originaux les différens procès-verbaux et interrogatoires relatifs à ces seize individus, ainsi que les papiers scellés et cachetés de quelques-uns d'entr'eux.

Agréez, M. le procureur du Roi, etc.

Signé, le comte DE FARGUES.

___

N.º II.

A M. de Permont, Lieutenant de Police, à Lyon.

MONSIEUR,

J'AI l'honneur de vous instruire qu'on a tenté, par promesse d'argent, de corrompre la veuve Saint-Dubois, pour lui faire dire que c'est moi qui, le 8 juin 1817, ai remis les cartouches à son mari. Cette infâme menée ne peut avoir été dirigée que par des malveillans, qui veulent à force d'or acheter des accusateurs, pour servir leur féroce désir de nuire aux malheureux. Vous en jugerez, M. le Lieutenant-Général de police, par le détail de la scène qui s'est passée chez moi.

Le 7 juin sur les 10 heures du matin, une femme se présenta à moi, dans mon domicile. Elle me demanda si j'étais le maître de la maison ; je lui répondis qu'oui ; puis, m'examinant plus attentivement, elle me demanda si je me nommais Barbier ; je lui répondis affirmativement : vous êtes bien hardi, répliqua-t-elle aussitôt, d'avoir avancé que vous m'aviez donné de l'argent pour m'empêcher de dire que c'est vous qui avez donné des cartouches à mon mari.

Je lui assurai que je ne m'étais jamais vanté de cela ; je la priai de s'expliquer plus intelligiblement, que je ne la comprenais pas. Je suis la veuve Saint-Dubois, dit-elle ; j'ai bien assez de mes malheurs, sans que vous m'accusiez d'avoir vendu mon pauvre mari. Je lui dis de nouveau que je n'avais jamais tenu de semblables propos, et la priai de me dire le nom de la personne qui lui avait dit ce mensonge : c'est ce qu'elle fit de là manière suivante :

Le premier avril, à la tombée de la nuit, un monsieur que je ne connais pas s'est présenté à moi, et me fit voir un papier qui contenait ces mots : Parlez à cœur ouvert au porteur du présent billet. Il me dit ensuite que vous, M. Barbier, herboriste, vous vous étiez vanté d'avoir donné les cartouches à mon mari, et d'avoir été dire ensuite à la sentinelle : arrêtez cet homme. Il a ajouté encore que vous m'aviez donné de l'argent pour m'empêcher de dire que c'était vous qui aviez donné les cartouches à mon mari, que dans cet argent il s'y était trouvé un Napoléon de 40 fr., et que vous étiez venu chez moi le lendemain pour me le redemander, et que je n'avais pas voulu vous le rendre. Je lui ai répondu : Si ce M. Barbier a dit qu'il m'a donné de l'argent, il faudra bien qu'il paraisse en confrontation avec moi, et nous verrons s'il aura l'audace de le soutenir. Ce même inconnu m'a dit que si je voulais dire ces choses-là, on venait de faire une cueillette pour moi et pour mon enfant ; qu'on n'attendait plus que mon aveu pour me la remettre. Je lui répondis : Vous me donneriez tout l'or que vous possédez, que je ne dirais pas un pareil mensonge ; je ne connais pas ce Barbier, et celui qui a donné les cartouches à mon mari n'est pas un herboriste, c'est un maçon, d'après l'aveu de mon mari : au surplus je l'ai vu plusieurs fois avec lui, et je le reconnaîtrais si je le revoyais. Je l'ai cherché long-temps ; mais je ne l'ai pas pu trouver. Il me répondit : Oh ! ce Barbier prend *cinq noms différens*, et il peut s'être déguisé en maçon. Je lui dis alors que je viendrai vous voir, pour m'assurer si c'était vous qui étiez le maçon ; c'est pour cela que je suis venue aujourd'hui ; mais à présent que je vous ai vu, je suis bien sûre que ce n'est pas vous qui êtes le maçon qui a donné les cartouches à mon mari, car il est vieux et petit, et vous, vous êtes jeune et grand.

Je lui demandai comment elle soupçonnait que c'était le maçon qui avait donné les cartouches à son mari ; elle me dit que le lendemain de son arrestation elle trouva le fils C. qui lui dit que c'était le maçon. Elle lui demanda son adresse, c'est à quoi il se refusa. Cependant il lui dit qu'il restait du côté de Serin. Elle me dit qu'elle avait fait mille demarches pour le voir ; mais toutes ont été infructueuses. Voilà où s'est terminé notre entretien.

J'ai l'honneur d'observer à M. le Lieutenant-Général de police que trois personnes se trouvèrent chez moi, et ont été témoins de cette scène singulière.

Comme il est possible, Monsieur, que mon accusation soit sortie mot à mot de la bouche de cet agent qui voulait corrompre la veuve Saint-Dubois, je dois me munir de toutes les preuves qui peuvent constater mon innocence ; et comme je suis accusé dans le public d'avoir été dire à la sentinelle d'arrêter Saint-Dubois, il est, je crois, de votre compétence, pour connaître la vérité, d'interroger celui qui l'a arrêté, pour savoir si quelqu'un lui a dit de faire cette arrestation, et s'il reconnaîtrait celui qui lui a dit de la faire.

Je vous prie donc en grace, Monsieur le Lieutenant Général de police, d'interroger ou de faire interroger sur tous ces faits et la veuve Saint-Dubois, et celui qui a arrêté son mari. Voilà les armes que je pourrais opposer à ceux qui ne manqueront pas bien certainement de faire de nouvelles tentatives pour corrompre le cœur de l'un, et de l'autre.

J'ai l'honneur d'être, Monsieur le Lieutenant Général de police, votre très-humble et très-dévoué serviteur,

Lyon, le 15 juin 1818.

Signé, BARBIER.

N.° III.

Extrait de l'écrit de M. le comte de Fargues,
(page 139.)

Nous n'avons employé auprès d'eux d'autres moyens que la persuasion et l'espoir d'une clémence dont les révélations seules pourraient les rendre dignes. Nous leur montrions, d'un côté, une punition inévitable, s'ils ne confessoient point la part qu'ils avaient prise à la conspiration, ainsi que les conjurés qu'ils connaissaient ; et de l'autre, *un pardon émané de la bouche royale*, s'ils mettaient l'autorité à même de découvrir les fils et les agens du complot. Nous étions autorisés d'ailleurs à leur faire une telle promesse ; et nous avons reçu de M.ᵣ le Procureur-Général une lettre, par laquelle il nous annonçait officiellement, le 3 juillet dernier, pendant nos enquêtes, que son Exc. Monseigneur le Garde-des-

Sceaux « lui avait conféré des pouvoirs qui s'éten-
» daient jusqu'à promettre une commutation de peine,
« ou même la grace entière, à des hommes évidem-
« ment coupables, si, par leurs révélations, on arri-
« vait à d'autres personnages plus marquans, et à
« des agens en chef de la conspiration ; et que si
« dans le cours de nos recherches nous trouvions des
« prévenus qui se décidassent à une confession géné-
« rale et sincère, il n'hésiterait pas, après les avoir
« entendus, et avoir vérifié la sincérité de leurs
« aveux, à leur garantir les effets de la clémence
« du Roi. »

FIN.